Castores constructores

Joseph Otterman

Smithsonian

Roen y roen los dientes.

Por aquí va una rama.

Por allá va otra rama.

Se levanta la madriguera.

Se sumerge el castor.

Por aquí nada el castor.

Por allá entra el castor.

¡A dormir se va
el castor!

DESAFÍO DE CTIAM

El problema

Una familia de castores perdió su hogar. Tienes que ayudarlos a construir una nueva madriguera.

Los objetivos

- Haz un modelo de una madriguera de castores.
- Tu modelo debe tener una entrada en la parte de abajo.
- La madriguera debe resistir al menos dos minutos sin quebrarse ni agrietarse.

Investiga y piensa ideas

Aprende sobre los castores.

Diseña y construye

Dibuja tu plan. ¡Construye tu modelo!

Prueba y mejora

Apila algunas ramitas sobre la madriguera. Luego, trata de mejorar tu modelo.

Reflexiona y comparte

¿Qué aprendiste?

Asesoras

Amy Zoque
Coordinadora y asesora didáctica de CTIM
Escuela Vineyard de CTIM
Distrito Ontario Montclair

Siobhan Tangney
Escuela primaria Marblehead
Distrito Escolar Unificado Capistrano

Créditos de publicación

Rachelle Cracchiolo, M.S.Ed., *Editora comercial*
Conni Medina, M.A.Ed., *Redactora jefa*
Diana Kenney, M.A.Ed., NBCT, *Realizadora de la serie*
Emily R. Smith, M.A.Ed., *Directora de contenido*
Véronique Bos, *Directora creativa*
Robin Erickson, *Directora de arte*
Stephanie Bernard, *Editora asociada*
Caroline Gasca, M.S.Ed., *Editora superior*
Mindy Duits, *Diseñadora gráfica superior*
Walter Mladina, *Investigador de fotografía*
Smithsonian Science Education Center

Créditos de imágenes: pág.11 Remi Masson/Minden Pictures; pág.13, pág.17 Ingo Arndt/Minden Pictures; pág.15 Dominique Braud/Animals Animals; todas las demás imágenes cortesía de iStock y/o Shutterstock.

Library of Congress Cataloging-in-Publication Data

Names: Otterman, Joseph, 1964- author.
Title: Castores constructores / Joseph Otterman, Smithsonian Institution.
Other titles: Building a beaver lodge. Spanish
Description: Huntington Beach, CA : Teacher Created Materials, [2020] | Audience: Grades K-1
Identifiers: LCCN 2019041273 (print) | LCCN 2019041274 (ebook) | ISBN 9780743925396 (paperback) | ISBN 9780743925549 (ebook)
Subjects: LCSH: Beavers--Habitations--Juvenile literature. | Handicraft--Juvenile literature.
Classification: LCC QL737.R632 O8818 2020 (print) | LCC QL737.R632 (ebook) | DDC 599.3715--dc23

Smithsonian

Teacher Created Materials

5301 Oceanus Drive
Huntington Beach, CA 92649-1030
www.tcmpub.com

ISBN 978-0-7439-2539-6